EXAMEN DU BREVET SUPÉRIEUR

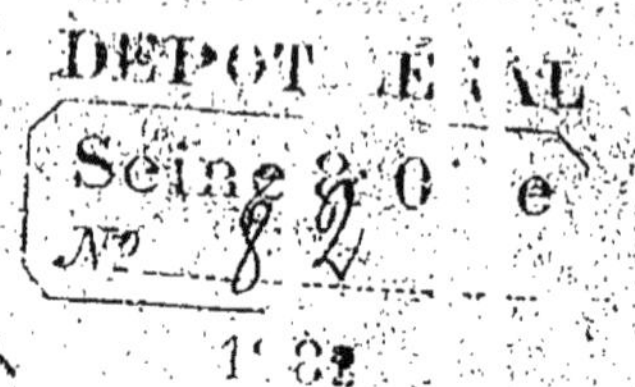

BOSSUET

ORAISON FUNÈBRE

D'HENRIETTE D'ANGLETERRE

ÉDITION ANNOTÉE

PAR

Frédéric GODEFROY
Auteur de l'*Histoire de la Littérature française depuis le XVIe siècle jusqu'à nos jours*
OUVRAGE COURONNÉ PAR L'ACADÉMIE FRANÇAISE

PARIS
GAUME ET Cie, ÉDITEURS
3, RUE DE L'ABBAYE, 3
1882

L27 n 5473 C

BOSSUET

ORAISON FUNÈBRE

DE

HENRIETTE D'ANGLETERRE

n 27
15473
c

GAUME et Cie, éditeurs, 3, rue de l'Abbaye, à Paris.

LE NOUVEAU TESTAMENT

DE N. S. JÉSUS CHRIST

Traduction nouvelle

AVEC INTRODUCTION, SOMMAIRES ET NOTES

Par le chanoine GAUME

Édition approuvée à Rome et recommandée par Mgr l'Archevêque de Paris

1 volume in-12................ 6 fr. »
1 volume in-32................ 2 fr. 50

Extrait du Rapport des Examinateurs romains.

« J'ai lu avec soin la traduction française du *Nouveau Testament*, par M. le chanoine GAUME, et je puis affirmer que, quant à *l'exactitude*, à la *fidélité*, à la *précision* et à la *clarté*, l'ayant comparée avec le texte latin de la Vulgate, *elle ne laisse rien à désirer*.

« En outre, ce qui me semble rendre précieux le travail de M. le chanoine GAUME, ce sont les *notes* et les *remarques* dont il a enrichi cette tradition. Les *notes* très nombreuses (*elles montent à environ quatre mille*), sont un *résumé clair* et *substantiel* des commentaires les plus accrédités de la SAINTE ÉCRITURE.

« Souvent ces notes contiennent la réponse et l'explication de certaines difficultés, réponse et explication qu'il est rare de rencontrer dans les commentateurs modernes, et qui, par les lumières qu'elles donnent, sont d'un grand secours aux lecteurs des SAINTS LIVRES. Souvent encore elles contiennent de courtes exhortations et de pieuses réflexions.

Toutefois, ce qui fait le plus grand mérite de cet ouvrage est qu'un nombre de ces notes ont pour objet la réfutation des erreurs de la propagande protestante. Celle-ci, non contente de répandre et de disséminer des versions plus ou moins défectueuses du *Nouveau Testament*, a formulé plus de deux cents propositions ou observations respectivement fausses, blasphématoires, injurieuses à l'Église, erronées et impies, et les a insérées dans les dernières éditions du *Nouveau Testament* répandues par elle. Or, M. le chanoine GAUME n'en a pas laissé passer une seule sans la réfuter, soit directement, soit en la mettant en regard de la vraie doctrine des siècles chrétiens. »

BOSSUET

ORAISON FUNÈBRE

DE

HENRIETTE D'ANGLETERRE

ÉDITION ANNOTÉE

PAR

Frédéric GODEFROY

Auteur de l'*Histoire de la Littérature française depuis le XVI*[e] *siècle jusqu'à nos jours*

OUVRAGE COURONNÉ PAR L'ACADÉMIE FRANÇAISE

PARIS

GAUME ET Cie, ÉDITEURS

3, RUE DE L'ABBAYE, 3

1882

Tous droits réservés.

GAUME et Cie, éditeurs, 3, rue de l'Abbaye, à Paris.

DICTIONNAIRE DE LA BIBLE

OU EXPLICATION

DE TOUS LES NOMS PROPRES HISTORIQUES OU GÉOGRAPHIQUES

DE L'ANCIEN ET DU NOUVEAU TESTAMENT

PAR

E. SPOL

de la Bibliothèque nationale.

1 vol. in-18 jésus.................... 4 fr.

Le but de cet ouvrage est de donner une explication substantielle de tous les noms historiques et géographiques contenus dans l'Ancien et le Nouveau Testament. Tout en s'efforçant d'être plus complet que ses devanciers quant à la nomenclature, l'auteur se montre très bref en ce qui concerne les noms généralement connus. Il insiste de préférence sur les noms peu connus ou omis dans les dictionnaires antérieurs. Pour faciliter les recherches, il a classé les mots d'après leur orthographe vulgaire, et les a toujours fait suivre de leur prononciation hébraïque, aussi fidèlement qu'elle peut être rendue en lettres latines. Il y a ajouté la transcription grecque des Septante et indiqué avec soin les passages du Livre sacré dans lesquels sont cités les noms faisant l'objet de chacun des articles de ce dictionnaire. On peut affirmer que ces références sont rigoureusement exactes. En un mot, M. Spol s'est efforcé de faire de ce livre un manuel qui, par son peu de volume, soit d'un usage commode et que la modicité de son prix mette à la portée de toutes les personnes ayant des recherches à faire dans les saintes Écritures.

ÉTUDE SUR L'ORAISON FUNÈBRE

L'oraison funèbre, suivant l'heureuse définition de la Harpe, est une sorte de panégyrique religieux qui a un double objet chez les peuples chrétiens : proposer à l'admiration, à la reconnaissance, à l'émulation, les vertus et les talents qui ont brillé dans les premiers rangs de la société, et en même temps faire sentir le néant de toutes les grandeurs de ce monde au moment où il faut passer dans l'autre. En elle se résument tout à la fois les enseignements de l'histoire, de la politique et de la religion. Mais ces hommages solennels, on ne la voit pas les distribuer à de simples particuliers, et quelques-uns lui ont fait reproche de ne réserver la forme la plus riche et la plus élevée de l'éloquence démonstrative qu'à la louange des rois et des grands. Nul blâme ne tomba plus à faux ; car telle est la nécessité impérieuse et la destination morale du genre, qui, pour tempérer les désirs ambitieux et tourner les âmes vers la pensée des seules gloires éternelles, doit mettre continuellement en opposition l'éclat et la fragilité des grandeurs humaines ; et qui doit produire des effets d'autant plus durables qu'il s'appuie sur des exemples plus saisissants. « La puissance de la mort et l'horreur du tombeau, si frappante quand il s'agit de la mort et du tombeau d'un roi, semblent s'affaiblir dans les rangs inférieurs ; et les coups qui tombent sur de moindres victimes paraissent moins effrayants. L'orateur chétien qui ne déplore pas la perte d'un roi où d'un grand capitaine, n'a plus le pouvoir d'effrayer l'imagination par ces contrastes de grandeur et de faiblesse, de gloire et de néant... Il est naturel que ceux qui longtemps ont occupé la scène du monde conservent une place dans le souvenir des hommes ; et c'est avec justice que l'oraison funèbre n'a été en général attribuée qu'à la grandeur et à la puissance, puisque c'est ainsi seulement qu'elle présente un intérêt durable[1]. » L'oraison funèbre, conçue et pratiquée selon son véritable esprit, n'appartient qu'à la religion chrétienne. Mais le discours funèbre proprement dit apparaît dès les temps les plus anciens. Diodore nous apprend que, dans l'ancienne Egypte, les prêtres avaient coutume de prononcer, devant le peuple réuni, l'éloge des monarques défunts. En Grèce, ce genre de discours prend un caractère collectif : il est essentiellement patriotique et social. Les honneurs de l'éloge public furent décernés aux héros de Marathon, de Salamine et de Platée. Périclès, d'après la harangue que lui prête Thucydide, loua les premiers Athéniens qui moururent dans la guerre du Péloponnèse. Lysias fit le panégyrique de ceux qui succombèrent pendant la ligue qu'Athènes, Corinthe et Thèbes avaient formée contre la tyrannie spartiate. Démosthène célèbra les vaincus de Chéronée ; et quinze ans après, au lendemain de la défaite de son parti, Hypéride, l'ardent et malheureux adversaire de la domination macédonienne, prononça l'oraison funèbre de Léosthène et des soldats tués dans la guerre Lamiaque. A Rome, l'éloge funèbre n'apparaît plus comme une récompense publique et suprême accordée à ceux qui sont morts pour la patrie et la liberté. A l'exception de la *XIV*e *Philippique* où Cicéron a célébré la fameuse légion de Mars décimée sous les murs de Modène, dans un combat contre Antoine, il fut réservé exclusivement aux particuliers, aux personnes de grande naissance et de renom illustre ; il fut le privilège des patriciens et ensuite des empereurs. Le premier de ces discours funèbres avait été l'éloge de

1. Villemain, *Essai sur l'Oraison funèbre.*

Brutus par Valerius Publicola. Appius Claudius prononça celui de son père ; et César celui de sa tante Julie et de sa femme Calpurnie, dans lequel, moins par orgueil de famille que par ambition politique, il faisait remonter l'origine de sa race au sang des rois et des dieux. Depuis lors, le panégyrique n'eut plus d'autre rôle que de flatter les souverains ; et eux-mêmes ils se mirent en mesure de se louer dans la personne de leurs prédécesseurs. Tibère prononça l'oraison funèbre d'Auguste, Caligula celle de Tibère, Néron celle de Claude ; et Marc-Aurèle, dont la tâche était plus relevée, célébra la vie d'Antonin. Domitien parla de sa douleur sur la tombe du frère qu'il venait d'assassiner.

Avec le christianisme fut réhabilitée et purifiée l'oraison funèbre. Dès le IVe siècle, saint Grégoire de Nazianze, saint Grégoire de Nysse, saint Ambroise et saint Jérôme donnèrent à la douleur une admirable expression religieuse. Au moyen âge, saint Bernard fit entendre des plaintes touchantes sur la mort d'un frère chéri, et l'on pourrait citer d'autres sermons de cette longue période, tel que le discours de l'évêque d'Auxerre aux funérailles du connétable du Guesclin, dont certains passages n'ont pas encore perdu leur intérêt. Pendant le XVIe siècle, les oraisons funèbres abondent ; mais presque toutes, ou sont imitées trop visiblement des harangues antiques, ou sont gâtées par le plus détestable mauvais goût. On y voit s'étaler partout le luxe des fausses couleurs, la prétention au bel esprit, et l'incohérence des images. Aux orateurs de cette période toute expression paraissait plate dès qu'elle était simple. Les uns et les autres cherchaient à surprendre plutôt qu'à persuader, et faisaient consister la beauté d'une pensée dans sa bizarrerie, la force d'une preuve dans sa nouveauté et dans l'éloignement du sens commun, le sublime d'une expression dans la singularité, et souvent dans le ridicule de la métaphore la plus outrée. Encore au commencement du dix-septième siècle les Bosquier, les Velladier, les Jean Guérin, sermonnaires de l'école de Menot et de

Maillard, avaient la vogue. Nombre de prédicateurs entassaient encore dans leurs sermons ces indigestes citations et toutes ces éruditions qui faisaient douter si c'était un sermon ou un recueil de dissertations qu'ils prononçaient, si la pièce était latine ou française. D'autres imitant la manière espagnole ou italienne, épuisaient leur esprit en pointes frivoles, en ornements superflus, en faux brillants. Cependant l'éloquence de la chaire commença de se transformer sous le règne du premier des Bourbons. La preuve la plus frappante de ses progrès, ce sont les discours funèbres qu'inspira la mort de ce monarque. Il en fut prononcé vingt-huit en France, et, comme on l'a remarqué, il n'en est pas un qui n'offre quelque passage éloquent et pathétique : celui de Fenoillet, alors évêque de Montpellier, est presque un chef-d'œuvre. Mais alors et jusqu'à Bossuet, l'oraison funèbre n'était ni entendue ni pratiquée conformément à ses origines chrétiennes. Dans un temps où l'influence du style pompeux mis à la mode par Balzac se faisait sentir à l'Eglise comme à l'Académie, partagés entre la chaire et les cercles littéraires, les orateurs étaient bien plus frappés des rapports du discours funèbre avec le panégyrique que de ses affinités avec le sermon. Suivant les expressions d'un judicieux historien littéraire[1], « ce n'était pas pour eux une des formes les plus sublimes et les plus sévères de la prédication : ce n'était pas la parole sainte s'emparant d'une grande occasion pour mieux sonder le néant de l'homme et publier de plus haut ou sa misère ou sa grandeur. L'oraison funèbre, telle qu'ils la concevaient, n'était guère qu'une dépendance moderne de l'un des trois genres d'éloquence distingués par les anciens, de cette éloquence démonstrative (ἐπιδεικτικὴ, *ad ostentationem composita*) qui, pour les anciens, n'était, pour ainsi dire, qu'une représentation magnifique et une fête, nullement une action, un combat, et pour laquelle ils réservaient, en conséquence, les richesses les plus brillantes,

1. Jacquinet, *les Prédicateurs avant Bossuet*, p. 286.

les plus merveilleux artifices de la diction, les plus doux enchantements de l'harmonie[1]. » Bientôt le génie allait lui rendre sa naturelle portée. Bossuet fut le créateur de ce système d'oraison funèbre où le panégyrique, au lieu d'être regardé comme l'objet essentiel, n'est employé qu'à l'état de preuve et de moyen pour conduire au développement moral qui est le but. « Jamais il ne loue que pour louer ; s'il vante la naissance de son héros, c'est pour que son exemple devienne plus frappant ; s'il élève sa gloire selon le monde, c'est pour la faire tomber de plus haut ; c'est pour mettre au-dessous des plus grandes victoires un verre d'eau donné au nom de Jésus-Christ..... Il n'est pas possible à l'éloquence de parler à l'homme de plus haut. Si la parole doit jamais être d'une grande efficacité, sans doute, c'est quand elle se fait entendre parmi les débris des vanités et le triomphe de la mort[2]. » Lorsque, sous la main du génie, l'éloge des princes et des grands hommes fut devenu l'objet, non de l'exaltation glorieuse de quelques-uns, mais de l'instruction générale, l'oraison funèbre atteignit à un degré de perfection et de splendeur incomparables ; elle apparut comme le dernier effort de l'éloquence humaine. Quels triomphes de la parole lorsque Fléchier, Bossuet, montaient dans la chaire pour louer Turenne ou Condé ! Il faut lire sur un tel sujet la brillante peinture qu'en a tracée Fontanes. « Le patrie en deuil déplorait la perte récente de ces deux héros : les éloges de tout un peuple répondaient à ceux de l'orateur ; et par combien de spectacles l'orateur lui-même était enflammé ! Ses premiers regards tombaient sur les restes du grand homme dont la mémoire lui était confiée par la reconnaissance publique ; les parents, les amis de l'illustre mort, ses plus fidèles serviteurs, tous ceux qui avaient recueilli ses dernières paroles, étaient présents à ses funérailles ; non loin, de vieux soldats, compagnons de ses victoires, pleuraient appuyés

1. Quintil., *Inst. orat.*, l. VIII, c. 3, II, 12. — Cicéron, *l'Orateur*.
2. Marcel, *Chefs-d'œuvre de l'éloquence*, CHAIRE.

sur ces mêmes armes qui triomphèrent de l'Europe. Au bruit de la cérémonie funèbre, le monde avait suspendu ses spectacles et ses jeux ; les hommes du siècle étaient accourus sous ces voûtes religieuses ; le riche et le pauvre, le sujet et le prince, instruits ensemble à cette école de la mort qui égale toutes les conditions, offraient les mêmes vœux, s'humiliaient dans la même poussière, et, partageant les mêmes craintes et les mêmes espérances, pressaient de leurs genoux les pavés de ce temple couvert d'antiques épitaphes et des promesses d'une vie nouvelle. Les arts avaient orné de toute leur pompe le mausolée qui renfermait les augustes dépouilles ; au-dessus, on croyait voir planer encore l'âme du héros attentive aux hommages de la France. De cette scène imposante, Bossuet, chargé de gloire et d'années, élevait ses accents pathétiques, et tous les cœurs étaient ébranlés : à peine avait-il fait entendre sa voix, que ce temple, environné de crêpes, semblait devenir plus sombre ; cette voix sublime redoublait la majesté du sanctuaire et les terreurs du tombeau ; tantôt l'homme inspiré contemplait avec un sombre abattement le cercueil où tant de gloire était renfermée ; tantôt il se tournait avec confiance vers l'autel de celui qui promet l'immortalité ; toutes les tristesses de la terre et toutes les joies du ciel se peignaient tour à tour sur son front, dans ses regards, dans sa voix, dans ses gestes et dans tous ses mouvements ; en arrachant des larmes aux spectateurs, il pleurait lui-même ; et sans cesse ému de sentiments contraires, s'enfonçant dans les profondeurs de la mort et dans celles de l'éternité, mêlant les consolations à l'épouvante, il proclamait à la fois le néant et la grandeur de l'homme, entre un tombeau prêt à l'engloutir, et le sein d'un Dieu prêt à le recevoir. » Ces grandes fêtes de l'éloquence ne devaient plus guère se reproduire, et, à part quelques derniers et chaleureux accents retentissant de loin en loin, l'oraison funèbre, depuis le temps de Louis XIV, ne fera plus que déchoir.

BOSSUET DANS L'ORAISON FUNÈBRE

« Que l'on se représente un de ces orateurs que Cicéron appelle *véhéments* et en quelque sorte tragiques, qui, doués par la nature de la souveraineté de la parole, et emportés par une éloquence toujours armée de traits brûlants comme la foudre, s'élèvent au-dessus des règles et des modèles, et portent l'art à toute la hauteur de leurs propres conceptions ; un orateur qui, par ses élans monte jusques aux cieux, d'où il descend avec ses vastes pensées, agrandies encore par la religion, pour s'asseoir sur les bords d'un tombeau, et abattre l'orgueil des princes et des rois, devant le Dieu qui, après les avoir distingués sur la terre durant le rapide instant de la vie, les rend tous à leur néant et les confond à jamais dans la poussière de notre commune origine ; un orateur qui a montré, dans tous les genres qu'il invente ou qu'il féconde, le premier et le plus beau génie qui ait jamais illustré les lettres, et qu'on peut placer, avec une juste confiance, à la tête de tous les écrivains anciens et modernes qui ont fait le plus d'honneur à l'esprit humain ; un orateur qui se crée une langue aussi neuve et aussi originale que ses idées, qui donne à ses expressions un tel caractère d'énergie, qu'on croit l'entendre quand on le lit, et à son style une telle majesté d'élocution, que l'idiome dont il se sert semble changer de caractère et se diviniser en quelque sorte sous sa plume ; un apôtre qui instruit l'univers en pleurant et en célébrant les plus illustres de ses contemporains, qu'il rend eux-mêmes, du fond de leur cercueil, les premiers instituteurs et les plus imposants moralistes de tous les siècles ; qui répand la consternation autour de lui, en rendant pour ainsi dire présents les malheurs qu'il raconte, et qui, en déplorant la mort d'un seul homme, montre à découvert tout le néant de la nature humaine ; enfin, un orateur, dont les discours, inspirés ou animés par la verve la plus ardente, la plus originale, la plus véhémente et la plus sublime, sont en ce genre des ouvrages absolument à part ; des ouvrages où, sans guides et sans modèles, il atteint la limite de la perfection ; des ouvrages classiques consacrés en quelque sorte par le suffrage unanime du genre humain, et qu'il faut étudier sans cesse, comme dans les arts on va former son goût et mûrir son talent à Rome, en méditant les chefs-d'œuvre de Raphaël et de Michel-Ange. Voilà le Démosthène français ! voilà Bossuet ! On peut appliquer à ses écrits oratoires l'éloge si mémorable que faisait Quintilien du *Jupiter* de Phidias, lorsqu'il disait, que cette statue avait ajouté à la religion des peuples. » Ce brillant éloge de Bossuet orateur par le cardinal Maury, donne une idée succincte d'un génie extraordinairement divers qui en lui seul réunissait tous les talents.

Les oraisons funèbres sont, avec le *Discours sur l'histoire universelle*, le titre le plus populaire de Bossuet. Il avait commencé, dès l'année 1663, à s'exercer dans ce genre propre à la haute éloquence, par l'oraison qu'il fit en l'honneur de M. Cornet, son ancien maître de Navarre. En 1667, il prononça l'oraison funèbre d'Anne d'Autriche, mère de Louis XIV, dont il avait été le prédicateur de prédilection. Enfin, deux ans après, en 1669, il donna le premier grand modèle de cette éloquence, qu'on n'imitera jamais, dans l'oraison funèbre de la reine d'Angleterre, exilée en France par le meurtre de Charles Ier, son mari. Il s'y montra historien, politique, et s'éleva jusqu'aux accents du prophète Jérémie, qui seul, dit Bossuet lui-même, était capable d'égaler les lamentations aux calamités. Peut-être, profitant des privilèges du genre, idéalisa-t-il un peu son héroïne. Du moins apparaît-elle moins solennelle, quoique toujours imposante, dans le portrait qu'a tracé d'elle madame de Motteville, qui l'avait beaucoup connue :

« Cette princesse était fort défigurée par la grandeur de sa maladie et de ses malheurs, et n'avait plus guère de marques de sa beauté passée, etc. »

Peu de temps après avoir pleuré la mort de cette reine infortunée, Bossuet eut à verser de nouvelles larmes, de vraies larmes, sur la mort de sa fille, Henriette d'Angleterre, duchesse d'Orléans. Parmi toutes les oraisons funèbres du pathétique orateur, un appréciateur éminent trouve celle-ci la plus étonnante, parce qu'elle est entièrement créée de génie :

« Il n'y avait là ni ces tableaux des troubles des nations, ni ces développements des affaires publiques, qui soutiennent la voix de l'orateur. L'intérêt que peut inspirer une princesse expirant à la fleur de son âge semble se devoir épuiser vite. Tout consiste en quelques oppositions vulgaires de la beauté, de la jeunesse, de la grandeur, et de la mort ; et c'est pourtant sur ce fonds stérile que Bossuet a bâti un des plus beaux monuments de l'éloquence, c'est de là qu'il est parti pour montrer la misère de l'homme par son côté périssable et sa grandeur par son côté immortel. Il commence par le ravaler au-dessous des vers qui le rongent au sépulcre, pour le peindre ensuite glorieux avec la vertu dans des royaumes incorruptibles [1]. »

Dans l'oraison funèbre de la princesse Palatine, Bossuet, selon la remarque de Chateaubriand, a déployé sa haute capacité pour les abstractions philosophiques. Et en même temps son génie a su descendre, sans blesser la majesté de l'art oratoire, jusqu'à l'interprétation d'un songe. Il a prouvé par ce beau discours qu'il savait manier le pathétique doux aussi bien que le pathétique noble.

Enfin, — puisque nous ne pouvons nous arrêter à tous ses

1. *Génie du christianisme*, 3e part., liv. IV, ch. 6.

chefs-d'œuvre, — il se surpassa lui-même dans l'oraison funèbre du prince de Condé, qui paraît son plus glorieux effort d'éloquence. Grand et dominateur comme son héros, Bossuet est avec lui sur les champs de bataille. « Il voit tout, comme dit l'auteur des *Éloges*, mesure tout; il a l'air de commander aux événements; il les appelle, il les prédit, il les lie ensemble et peint à la fois le passé, le présent, l'avenir; tant les objets se succèdent avec rapidité, tant ils s'entassent et se pressent dans son imagination. » « Ce n'est plus seulement un orateur, c'est un poète qui embouche la trompette épique pendant une moitié de son récit, et nous donne, comme en se jouant, un chant d'Homère. » Revenant, dans les dernières pages, aux vues chrétiennes qui communiquent aux premières oraisons funèbres un caractère si élevé, il redouble de pathétique et de sublime quand il appelle peuples, princes, prélats, guerriers, au catafalque d'un héros qu'il embellit, qu'il pare de qualités dont il ne fut guère doué, comme de la *bonté* naturelle, mais qu'il fait justement admirer comme un des plus vaillants cœurs qu'on vit jamais.

Une observation à faire sur toutes les oraisons funèbres de Bossuet, c'est la liberté qu'y sait garder son génie. Il n'en compasse point avec une exactitude symétrique les grandes divisions. Une partie de son sujet est-elle plus intéressante, il s'y étend complaisamment et glisse sur les autres. Rien de scolastique. Pour passer d'un sujet à un autre, ses transitions sont toujours des mouvements. Il raconte, il raisonne, il s'émeut non d'après les règles de la rhétorique, mais suivant les mouvements de son inspiration. Enfin il sait être aussi naturel qu'on peut l'être dans un genre de convention.

Bossuet eut des rivaux dans le sermon : il n'en eut pas dans l'oraison funèbre, et c'est bien la forme sous laquelle son génie oratoire se déploya avec le plus de force et d'éclat.

ANALYSE DE L'ORAISON FUNÈBRE D'HENRIETTE ANNE D'ANGLETERRE

Exorde et proposition. — Dix mois se sont à peine écoulés depuis le jour où Bossuet prononçait l'éloge funèbre de la reine d'Angleterre, et voici que la mort subite de sa fille, la duchesse d'Orléans, vient encore lui donner l'occasion douloureuse de déplorer dans un seul malheur toutes les calamités du genre humain et d'exposer une nouvelle preuve du néant de toutes les grandeurs de ce monde. Prenant pour texte la parole de l'Ecclésiaste : *Vanité des vanités*, l'orateur va développer tour à tour l'une et l'autre de ces deux idées fécondes : tout est vain dans l'homme, si nous regardons le cours de la vie mortelle; mais tout est précieux et important, si nous contemplons le terme où elle aboutit. Ces grandes vérités forment la division naturelle de son discours

Première partie. — Bossuet passe en revue les distinctions que possédait Madame, élevée par sa naissance et par son alliance, éminente par son esprit et son cœur, puissante par le rang et la fortune, et plus haute encore par les mérites de son âme et de sa raison; au moyen des plus fortes images, il montre tout ce qu'une mort soudaine lui a ravi, et de quel exemple elle doit être pour attester le néant de l'homme du côté de la terre.

Deuxième partie. — A l'aide d'une transition admirablement ménagée, Bossuet annonce cette seconde partie comme devant être une consolation des terribles vérités renfermées dans la première. Les cœurs sont encore anéantis par le sentiment de notre misère et de notre néant; il les relève par le spectacle de la grandeur religieuse de l'homme que révèlent doublement la nature de l'âme et les dons de la grâce. Ces dons, Madame les possédait complètement. Elle avait la grâce de vocation : car pour la donner à l'Église, il avait fallu renverser tout un grand royaume; elle avait la grâce de persévérance finale: car Dieu l'avait soustraite aux séductions nombreuses de la gloire terrestre. Ici se place l'émouvant tableau de sa lutte avec la mort, que Bossuet nomme le dernier combat. « Madame appelle les prêtres plutôt que les médecins ! Tout était simple, tout était solide, tout était tranquille, tout partait d'une âme soumise et sanctifiée. » Elle était morte, pour ainsi dire, *entre les bras et dans le baiser du Seigneur*.

Péroraison. — Un tel exemple doit nous servir non seulement de consolation mais d'enseignement. Avant que les approches de la mort nous en fassent une nécessité, commençons à mépriser les faveurs du monde. Songeons à Dieu et, prenant Madame pour modèle, fortifions-nous par les saintes humiliations de la pénitence. Les dernières paroles de l'orateur participent encore d'une impression de tristesse, mais d'une tristesse confiante et sereine comme l'espérance et la foi.

ORAISON FUNÈBRE

DE

HENRIETTE-ANNE D'ANGLETERRE

DUCHESSE D'ORLÉANS

Prononcée à Saint-Denis, le vingt-unième Jour d'août 1670.

> Vanitas vanitatum, dixit Ecclesiastes, vanitas vanitatum, et omnia vanitas.
> « Vanité des vanités, a dit l'Ecclésiaste, vanité des vanités, et tout est vanité. »
> (*Eccl.* I, 2.)

Monseigneur [1],

J'étais donc encore destiné à rendre ce devoir funèbre à très haute et très puissante princesse Henriette-Anne d'Angleterre, duchesse d'Orléans. Elle, que j'avais vue si attentive pendant que je rendais le même devoir à la reine sa mère, devait être sitôt après le sujet d'un discours semblable, et ma triste voix était réservée à ce déplorable ministère! O vanité! ô néant! ô mortels ignorants de leurs destinées! L'eût-elle cru il y a dix mois? Et vous, messieurs, eussiez-vous pensé, pendant qu'elle versait tant de larmes en ce lieu, qu'elle dût

1. M. le Prince.

sitôt vous y rassembler pour la pleurer elle-même? Princesse, le digne objet de l'admiration de deux grands royaumes, n'était-ce pas assez que l'Angleterre pleurât votre absence, sans encore être réduite à pleurer votre mort? Et la France, qui vous revit avec tant de joie environnée d'un nouvel éclat, n'avait-elle plus d'autres pompes et d'autres triomphes pour vous, au retour de ce voyage fameux, d'où vous aviez remporté tant de gloire et de si belles espérances?

« Vanité des vanités, et tout est vanité. » C'est la seule parole qui me reste, c'est la seule réflexion que me permet, dans un accident si étrange, une si juste et si sensible douleur. Aussi n'ai-je pas parcouru les livres sacrés pour y trouver quelque texte que je pusse appliquer à cette princesse; j'ai pris sans étude et sans choix les premières paroles que me présente l'Ecclésiaste, où, quoique la vanité ait été si souvent nommée, elle ne l'est pas encore assez à mon gré pour le dessein que je me propose. Je veux dans un seul malheur déplorer toutes les calamités du genre humain, et dans une seule mort faire voir la mort et le néant de toutes les grandeurs humaines. Ce texte qui convient à tous les états et à tous les événements de notre vie, par une raison particulière, devient propre à mon lamentable sujet, puisque jamais les vanités de la terre n'ont été si clairement découvertes ni si hautement confondues. Non, après ce que nous venons de voir, la santé n'est qu'un nom, la vie n'est qu'un songe, la gloire n'est qu'une apparence, les grâces et les plaisirs ne sont qu'un dangereux amusement; tout est vain en nous, excepté le sincère aveu que nous faisons devant Dieu de nos vanités, et le jugement arrêté qui nous fait mépriser tout ce que nous sommes.

Mais dis-je la vérité? L'homme, que Dieu a fait à son image, n'est-il qu'une ombre? Ce que Jésus-Christ est venu chercher du ciel en la terre, ce qu'il a cru pouvoir, sans se ravilir, racheter de tout son sang, n'est-ce qu'un rien? Reconnaissons notre erreur : sans doute ce triste spectacle des vanités humaines nous imposait; et l'espérance publique, frustrée tout à coup par la mort de cette princesse, nous poussait trop loin. Il ne faut pas permettre à l'homme de se mépriser tout entier, de peur que, croyant avec les impies que notre vie n'est qu'un jeu où règne le hasard, il ne marche sans règle et sans conduite au gré de ses aveugles désirs. C'est pour cela que l'Ecclésiaste, après avoir commencé son divin ouvrage par les paroles que j'ai récitées, après en avoir rempli toutes les pages du mépris des choses humaines, veut enfin montrer à l'homme quelque chose de plus solide, et conclut tout son discours en disant :

« Crains Dieu et garde ses commandements, car c'est là tout l'homme; et sache que le Seigneur examinera dans son jugement tout ce que nous aurons fait de bien et de mal [1] ». Ainsi tout est vain en l'homme, si nous regardons ce qu'il donne au monde; mais, au contraire,

1. Deum time, et mandata ejus observa; hoc est enim omnis homo : et cuncta quæ fiunt adducet Deus in judicium, sive bonum, sive malum, illud sit. (*Eccl.*, XII, 13, 14.)

tout est important si nous considérons ce qu'il doit à Dieu. Encore une fois tout est vain en l'homme, si nous regardons le cours de sa vie mortelle ; mais tout est précieux, tout est important, si nous contemplons le terme où elle aboutit et le compte qu'il en faut rendre. Méditons donc aujourd'hui, à la vue de cet autel et de ce tombeau, la première et la dernière parole de l'Ecclésiaste, l'une qui montre le néant de l'homme, l'autre qui établit sa grandeur. Que ce tombeau nous convainque de notre néant, pourvu que cet autel où l'on offre tous les jours pour nous une victime d'un si grand prix nous apprenne en même temps notre dignité : la princesse que nous pleurons sera un témoin fidèle de l'un et de l'autre. Voyons ce qu'une mort soudaine lui a ravi, voyons ce qu'une sainte mort lui a donné.

Ainsi nous apprendrons à mépriser ce qu'elle a quitté sans peine, afin d'attacher toute notre estime à ce qu'elle a embrassé avec tant d'ardeur, lorsque son âme épurée de tous les sentiments de la terre, et pleine du ciel, où elle touchait, a vu la lumière toute manifeste. Voilà les vérités que j'ai à traiter, et que j'ai crues dignes d'être proposées à un si grand prince et à la plus illustre assemblée de l'univers.

« Nous mourons tous, » disait cette femme dont l'Écriture a loué la prudence au second livre des Rois, « et nous allons sans cesse au tombeau, ainsi que des eaux qui se perdent sans retour [1]. » En effet, nous res-

1. Ommes morimur, et quasi aquæ dilabimur in terram, quæ non revertuntur. (II *Reg.*, XIV, 14.)

semblons tous à des eaux courantes. De quelque superbe distinction que se flattent les hommes, ils ont tous une même origine; et cette origine est petite. Leurs années se poussent successivement comme des flots; ils ne cessent de s'écouler tant qu'enfin, après avoir fait un peu plus de bruit et traversé un peu plus de pays les uns que les autres, ils vont tous ensemble se confondre dans un abîme où l'on ne reconnaît plus ni princes, ni rois, ni toutes ces autres qualités superbes qui distinguent les hommes; de même que ces fleuves tant vantés demeurent sans nom et sans gloire, mêlés dans l'Océan avec les rivières les plus inconnues.

Et certainement, messieurs, si quelque chose pouvait élever les hommes au-dessus de leur infirmité naturelle; si l'origine qui nous est commune souffrait quelque distinction solide et durable entre ceux que Dieu a formés de la même terre, qu'y aurait-il dans l'univers de plus distingué que la princesse dont je parle? Tout ce que peuvent faire non seulement la naissance et la fortune, mais encore les grandes qualités de l'esprit, pour l'élévation d'une princesse, se trouve rassemblé et puis anéanti dans la nôtre. De quelque côté que je suive les traces de sa glorieuse origine, je ne découvre que des rois, et partout je suis ébloui de l'éclat des plus augustes couronnes. Je vois la maison de France, la plus grande sans comparaison de tout l'univers, et à qui les plus puissantes maisons peuvent bien céder sans envie, puisqu'elles tâchent de tirer leur gloire de cette source;

BIBLIOTHÈQUE NATIONALE R.F. IMPRIMÉS

je vois les rois d'Écosse, les rois d'Angleterre, qui ont régné depuis tant de siècles sur une des plus belliqueuses nations de l'univers, plus encore par leur courage que par l'autorité de leur sceptre. Mais cette princesse, née sur le trône, avait l'esprit et le cœur plus hauts que sa naissance. Les malheurs de sa maison n'ont pu l'accabler dans sa première jeunesse; et dès lors on voyait en elle une grandeur qui ne devait rien à la fortune. Nous disions avec joie que le ciel l'avait arrachée comme par miracle des mains des ennemis du roi son père, pour la donner à la France : don précieux, inestimable présent, si seulement la possession en avait été plus durable! Mais pourquoi ce souvenir vient-il m'interrompre? Hélas! nous ne pouvons un moment arrêter les yeux sur la gloire de la princesse, sans que la mort s'y mêle aussitôt pour tout offusquer de son ombre. O mort! éloigne-toi de notre pensée, et laisse-nous tromper pour un peu de temps la violence de notre douleur par le souvenir de notre joie. Souvenez-vous donc, messieurs, de l'admiration que la princesse d'Angleterre donnait à toute la cour : votre mémoire vous la peindra mieux avec tous ses traits et son incomparable douceur que ne pourront jamais faire toutes mes paroles. Elle croissait au milieu des bénédictions de tous les peuples et les années ne cessaient de lui apporter de nouvelles grâces. Aussi la reine sa mère, dont elle a toujours été la consolation, ne l'aimait pas plus tendrement que le faisait Anne d'Espagne.

Anne, vous le savez, messieurs, ne trouvait rien au-dessus de cette princesse. Après nous avoir donné une reine seule capable, par sa piété et par ses autres vertus royales, de soutenir la réputation d'une tante si illustre, elle voulut, pour mettre dans sa famille ce que l'univers avait de plus grand, que Philippe de France, son second fils, épousât la princesse Henriette ; et quoique le roi d'Angleterre, dont le cœur égale la sagesse, sût que la princesse sa sœur, recherchée de tant de rois, pouvait honorer un trône, il lui vit remplir avec joie la seconde place de France, que la dignité d'un si grand royaume peut mettre en comparaison avec les premiers du reste du monde.

Que si son rang la distinguait, j'ai eu raison de vous dire qu'elle était encore plus distinguée par son mérite. Je pourrais vous faire remarquer qu'elle connaissait si bien la beauté des ouvrages de l'esprit, que l'on croyait avoir atteint la perfection quand on avait su plaire à Madame : je pourrais encore ajouter que les plus sages et les plus expérimentés admiraient cet esprit vif et perçant qui embrassait sans peine les plus grandes affaires, et pénétrait avec tant de facilité dans les plus secrets intérêts. Mais pourquoi m'étendre sur une matière où je puis tout dire en un mot? Le Roi, dont le jugement est une règle toujours sûre, a estimé la capacité de cette princesse, et l'a mise par son estime au-dessus de tous nos éloges.

Cependant, ni cette estime, ni tous ces grands avantages, n'ont pu donner atteinte à sa modestie. Tout éclairée qu'elle était, elle n'a point présumé de ses connaissances ; et jamais ses lumières ne l'ont éblouie. Rendez témoignage à ce que je dis, vous que cette grande princesse a honorés de sa confiance. Quel esprit avez-vous trouvé plus élevé ? mais quel esprit avez-vous trouvé plus docile ? Plusieurs, dans la crainte d'être trop faciles, se rendent inflexibles à la raison et s'affermissent contre elle ! Madame s'éloignait toujours autant de la présomption que de la faiblesse ; également estimable, et de ce qu'elle savait trouver les sages conseils, et de ce qu'elle était capable de les recevoir. On les sait bien connaître quand on fait sérieusement l'étude qui plaisait tant à cette princesse : nouveau genre d'étude, et presque inconnu aux personnes de son âge et de son rang, ajoutons, si vous voulez, de son sexe. Elle étudiait ses défauts ; elle aimait qu'on lui en fît des leçons sincères : marque assurée d'une âme forte que ses fautes ne dominent pas et qui ne craint point de les envisager de près par une secrète confiance des ressources qu'elle sent pour les surmonter. C'était le dessein d'avancer dans cette étude de la sagesse qui la tenait si attachée à la lecture de l'histoire, qu'on appelle avec raison la sage conseillère des princes. C'est là que les plus grands rois n'ont plus de rang que par leurs vertus, et que, dégradés à jamais par les mains de la mort, ils viennent subir sans cour et sans suite le jugement de tous les peuples et de tous les siècles ; c'est là qu'on découvre que le lustre qui vient de la flatterie est superficiel, et que les fausses couleurs, quelque industrieusement qu'on les applique, ne tiennent pas[1]. Là notre admirable princesse étudiait les devoirs de ceux dont la vie compose l'histoire : elle y perdait insensiblement le goût des romans et de leurs fades héros ; et, soigneuse de se former sur le vrai, elle méprisait ces froides et dangereuses fictions. Ainsi, sous un visage riant, sous cet air de jeunesse, qui semblait ne promettre que des jeux, elle cachait un sens et un sérieux dont ceux qui traitaient avec elle étaient surpris.

Aussi pouvait-on sans crainte lui confier les plus grands secrets. Loin du commerce des affaires et de la société des hommes, ces âmes sans force aussi bien que sans foi, qui ne savent pas retenir leur langue indiscrète ! « Ils ressemblent, dit le Sage, à une ville sans murailles, qui est ouverte de toutes parts [2]. » Madame était au-dessus de cette faiblesse. Ni la surprise, ni l'intérêt, ni la vanité, ni l'appât d'une flatterie délicate ou d'une douce conversation, qui souvent, épanchant le cœur, en fait échapper le secret, n'était capable de lui faire découvrir le sien[3]; et la sûreté qu'on trouvait en

1. Quelles belles images, et quelle simplicité d'expression ! C'est le secret de l'éloquence de Bossuet.

2. Sicut urbs patens et absque murorum ambitu, ita vir qui non potest in loquendo cohibere spiritum suum. (*Prov.* xxv, 28.)

3. On a souvent admiré dans Bossuet cette hauteur de pensées, mais ce que peut-être on n'a pas assez remarqué c'est son expression, qui souvent dans les plus petites choses anime et colorie tout. Veut-il parler de la discrétion de madame Henriette : *Ni la surprise ni l'intérêt*, etc.... A quoi tient le mérite de cette phrase ? A cette image si naturelle et si juste qui semble placée là d'elle-même, qui représente le cœur humain, qui s'ouvre quand on le séduit,

cette princesse, que son esprit rendait si propre aux grandes affaires, lui faisait confier les plus importantes.

Ne pensez pas que je veuille, en interprète téméraire des secrets d'État, discourir sur le voyage d'Angleterre, ni que j'imite ces politiques spéculatifs, qui arrangent suivant leurs idées les conseils des rois, et composent sans instructions les annales de leur siècle. Je ne parlerai de ce voyage glorieux que pour dire que Madame y fut admirée plus que jamais. On ne parlait qu'avec transport de la bonté de cette princesse qui, malgré les divisions trop ordinaires dans les cours, lui gagna d'abord tous les esprits. On ne pouvait assez louer son incroyable dextérité à traiter les affaires les plus délicates, à guérir ces défiances cachées qui souvent les tiennent en suspens, et à terminer tous les différends d'une manière qui conciliait les intérêts les plus opposés. Mais qui pourrait penser, sans verser des larmes, aux marques d'estime et de tendresse que lui donna le roi son frère? Ce grand roi, plus capable encore d'être touché par le mérite que par le sang, ne se lassait point d'admirer les excellentes qualités de Madame. O plaie irrémédiable! ce qui fut en ce voyage le sujet d'une si juste admiration est devenu pour ce prince le sujet d'une douleur qui n'a point de bornes. Princesse, le digne lien des deux plus grands rois du monde, pourquoi leur avez-vous été sitôt ravie? Ces deux grands rois se connaissent, c'est l'effet des soins

sous la figure d'un vase qui se répand quand on l'a penché. (La Harpe.)

de Madame; ainsi leurs nobles inclinations concilieront leurs esprits, et la vertu sera entre eux une immortelle médiatrice. Mais si leur union ne perd rien de sa fermeté, nous déplorerons éternellement qu'elle ait perdu son agrément le plus doux, et qu'une princesse si chérie de tout l'univers ait été précipitée dans le tombeau pendant que la confiance de deux si grands rois l'élevait au comble de la grandeur et de la gloire.

La grandeur et la gloire! Pouvons-nous encore entendre ces noms dans ce triomphe de la mort? Non, messieurs, je ne puis plus soutenir ces grandes paroles, par lesquelles l'arrogance humaine tâche de s'étourdir elle-même, pour ne pas apercevoir son néant. Il est temps de faire voir que tout ce qui est mortel, quoi qu'on ajoute par le dehors pour le faire paraître grand, est par son fond incapable d'élévation. Ecoutez à ce propos le profond raisonnement, non d'un philosophe qui dispute dans une école, ou d'un religieux qui médite dans un cloître : je veux confondre le monde par ceux que le monde même révère le plus, par ceux qui le connaissent le mieux, et ne lui veux donner pour le convaincre que des docteurs assis sur le trône. « O Dieu! dit le roi prophète, vous avez fait mes jours mesurables, et ma substance n'est rien devant vous. » Il est ainsi, chrétiens : tout ce qui se mesure finit; et tout ce qui est né pour finir n'est pas tout à fait sorti du néant où il est sitôt replongé. Si notre être, si notre substance n'est rien, tout ce que nous bâtissons dessus, que peut-il être? Ni l'édifice n'est plus solide que le fondement, ni l'accident attaché à l'être plus réel que l'être même. Pendant que la nature nous tient si bas, que peut faire la fortune pour nous élever ? Cherchez, imaginez parmi les hommes les différences les plus remarquables ; vous n'en trouverez point de mieux marquée, ni qui vous paraisse plus effective que celle qui relève le victorieux au-dessus des vaincus qu'il voit étendus à ses pieds. Cependant ce vainqueur, enflé de ces titres, tombera lui-même à son tour entre les mains de la mort. Alors ces malheureux vaincus rappelleront à leur compagnie leur superbe triomphateur ; et du creux de leur tombeau sortira cette voix qui foudroie toutes les grandeurs : « Vous voilà blessé comme nous ; vous êtes devenu semblable à nous [1]. » Que la fortune ne tente donc pas de nous tirer du néant, ni de forcer la bassesse de notre nature.

Mais peut-être, au défaut de la fortune, les qualités de l'esprit, les grands desseins, les vastes pensées, pourront nous distinguer du reste des hommes ? Gardez-vous bien de le croire, parce que toutes nos pensées qui n'ont pas Dieu pour objet sont du domaine de la mort. « Ils mourront, dit le roi prophète, et en ce jour périront toutes leurs pensées [2] » : c'est-à-dire les pensées des conquérants, les pensées des politiques qui auront imaginé dans leurs cabinets des desseins où le monde entier sera compromis. Ils se seront munis de

1. Ecce tu vulneratus es, sicut et nos ; nostri similis effectus es. (*Is.*, XIV, 17.)

2. In illâ die peribunt omnes cogitationes eorum. (*Psal.*, CXLV, 4.)

tous côtés par des précautions infinies ; enfin ils auront tout prévu, excepté leur mort, qui emportera en un moment toutes leurs pensées. C'est pour cela que l'Ecclésiaste, le roi Salomon, fils du roi David (car je suis bien aise de vous faire voir la succession de la même doctrine dans un même trône) ; c'est, dis-je, pour cela que l'Ecclésiaste, faisant le dénombrement des illusions qui travaillent les enfants des hommes, y comprend la sagesse même. « Je me suis, dit-il, appliqué à la sagesse, et j'ai vu que c'était encore une vanité [1] », parce qu'il y a une fausse sagesse, qui, se renfermant dans l'enceinte des choses mortelles, s'ensevelit avec elles dans le néant. Ainsi je n'ai rien fait pour Madame quand je vous ai représenté tant de belles qualités qui la rendaient admirable au monde, et capable des plus hauts desseins où une princesse puisse s'élever. Jusqu'à ce que je commence à vous raconter ce qui l'unit à Dieu, une si illustre princesse ne paraîtra dans ce discours que comme un exemple le plus grand qu'on se puisse proposer, et le plus capable de persuader aux ambitieux qu'ils n'ont aucun moyen de se distinguer, ni par leur naissance, ni par leur grandeur, ni par leur esprit, puisque la mort, qui égale tout, les domine de tous côtés avec tant d'empire, et que d'une main si prompte et si souveraine elle renverse les têtes les plus respectées.

Considérez, messieurs, ces grandes puissances que

1. Transivi ad contemplandam sapientiam.. Locutusque cum mente mea, animadverti quod hoc quoque esset vanitas. (*Eccl.* II, 12-15.)

nous regardons de si bas : pendant que nous tremblons sous leur main, Dieu les frappe pour nous avertir. Leur élévation en est la cause ; et il les épargne si peu, qu'il ne craint pas de les sacrifier à l'instruction du reste des hommes. Chrétiens, ne murmurez pas si Madame a été choisie pour nous donner une telle instruction ; il n'y a rien ici de rude pour elle, puisque, comme vous le verrez dans la suite, Dieu la sauve par le même coup qui nous instruit. Nous devrions être assez convaincus de notre néant : mais s'il faut des coups de surprise à nos cœurs enchantés de l'amour du monde, celui-ci est assez grand et assez terrible. O nuit désastreuse ! ô nuit effroyable ! où retentit tout à coup comme un éclat de tonnerre cette étonnante nouvelle : Madame se meurt ! Madame est morte[1] ! Qui de nous ne se sentit frappé à ce coup, comme si quelque tragique accident avait désolé sa famille ? Au premier bruit d'un mal si étrange, on accourut à Saint-Cloud de toutes parts ; on trouve tout consterné, excepté le cœur de cette princesse : partout on entend des cris, partout on voit la douleur et le désespoir, et l'image de la mort. Le roi, la reine, Monsieur, toute la cour, tout le

1. *Madame se meurt! Madame est morte.* L'éloge funèbre de Madame, enlevée à la fleur de son âge, eut le plus grand et le plus rare des succès, celui de faire verser des larmes à la cour. Bossuet fut obligé de s'arrêter après ces paroles : *O nuit désastreuse! nuit effroyable où retentit tout à coup, comme un éclat de tonnerre, cette étonnante nouvelle : Madame se meurt! Madame est morte!* L'auditoire éclata en sanglots, et la voix de l'orateur fut interrompue par des soupirs et par des pleurs. (Voltaire.)

peuple, tout est abattu, tout est désespéré ; et il me semble que je vois l'accomplissement de cette parole du prophète : « Le roi pleurera, le prince sera désolé, et les mains tomberont au peuple de douleur et d'étonnement[1]. »

Mais et les princes et les peuples gémissaient en vain ; en vain Monsieur, en vain le roi même tenait Madame serrée par de si étroits embrassements. Alors ils pouvaient dire l'un et l'autre avec saint Ambroise : *Stringebam brachia, sed jam amiseram quam tenebam*[2]. Je serrais les bras, mais j'avais déjà perdu ce que je tenais. La princesse leur échappait parmi des embrassements si tendres, et la mort plus puissante nous l'enlevait entre ces royales mains. Quoi donc ! elle devait périr si tôt ! Dans la plupart des hommes les changements se font peu à peu, et la mort les prépare ordinairement à son dernier coup. Madame cependant a passé du matin au soir, ainsi que l'herbe des champs : le matin elle fleurissait, avec quelles grâces ! vous le savez, le soir nous la vîmes séchée ; et ces fortes expressions par lesquelles l'Écriture sainte exagère l'inconstance des choses humaines devaient être pour cette princesse si précises et si littérales ! Hélas ! nous composions son histoire de tout ce qu'on peut imaginer de plus glorieux : le passé et le présent nous garantissaient l'avenir, et on pouvait tout attendre de tant

1. Rex lugebit, et princeps induetur mœrore, et manus populi terræ conturbabuntur. (Ezech., VII, 27.)

2. Orat., *de Ob. Sat. fr.* I, 19.

d'excellentes qualités. Elle allait s'acquérir deux puissants royaumes par des moyens agréables : toujours douce, toujours paisible autant que généreuse et bienfaisante, son crédit n'y aurait jamais été odieux ; on ne l'eût point vue s'attirer la gloire avec une ardeur inquiète et précipitée ; elle l'eût attendue sans impatience, comme sûre de la posséder. Cet attachement qu'elle a montré si fidèle pour le roi jusqu'à la mort lui en donnait les moyens ; et, certes, c'est le bonheur de nos jours que l'estime se puisse joindre avec le devoir, et qu'on puisse autant s'attacher au mérite et à la personne du prince qu'on en révère la puissance et la majesté. Les inclinations de Madame ne l'attachaient pas moins fortement à tous ses autres devoirs : la passion qu'elle ressentait pour la gloire de Monsieur n'avait point de bornes ; pendant que ce grand prince, marchant sur les traces de son invincible frère, secondait avec tant de valeur et de succès ses grands et héroïques desseins dans la campagne de Flandre, la joie de cette princesse était incroyable. C'est ainsi que ses généreuses inclinations la menaient à la gloire par les voies que le monde trouve les plus belles ; et si quelque chose manquait encore à son bonheur, elle eût tout gagné par sa douceur et par sa conduite. Telle était l'agréable histoire que nous faisions pour Madame ; et pour achever ces nobles projets, il n'y avait que la durée de sa vie dont nous ne croyions pas devoir être en peine : car qui eût pu seulement penser que les années eussent dû manquer à une jeunesse qui semblait si vive? Toutefois c'est par cet endroit que tout se dissipe en un moment. Au lieu de l'histoire d'une belle vie, nous sommes réduits à faire l'histoire d'une admirable, mais triste mort. A la vérité, Messieurs, rien n'a jamais égalé la fermeté de son âme, ni ce courage paisible qui, sans faire effort pour s'élever, s'est trouvé par sa naturelle situation au-dessus des accidents les plus redoutables. Oui, Madame fut douce envers la mort comme elle l'était envers tout le monde ; son grand cœur ni ne s'aigrit ni ne s'emporta contre elle : elle ne la brava pas non plus avec fierté, contente de l'envisager sans émotion et de la recevoir sans trouble. Triste consolation, puisque, malgré ce grand courage, nous l'avons perdue ! C'est la grande vanité des choses humaines. Après que, par le dernier effet de notre courage, nous avons pour ainsi dire surmonté la mort, elle éteint en nous jusqu'à ce courage par lequel nous semblions la défier. La voilà, malgré ce grand cœur, cette princesse si admirée et si chérie ! la voilà telle que la mort nous l'a faite ; encore ce reste tel quel va-t-il disparaître, cette ombre de gloire va s'évanouir, et nous l'allons voir dépouillée même de cette triste décoration ! Elle va descendre à ces sombres lieux, à ces demeures souterraines, pour y dormir dans la poussière avec les grands de la terre, comme parle Jacob, avec ces rois et ces princes anéantis, parmi lesquels à peine peut-on la placer, tant les rangs y sont pressés, tant la mort est prompte à remplir ces places. Mais ici notre imagination nous abuse encore ; la mort ne nous laisse pas assez de corps pour occuper quelque place, et on ne voit là que les tombeaux qui fassent quelque figure ; notre chair change bientôt de nature, notre corps prend un autre nom ; même celui de cadavre, dit Tertullien, parce qu'il nous montre encore quelque forme humaine, ne lui demeure pas longtemps ; il devient un je ne sais quoi qui n'a plus de nom dans aucune langue : tant il est vrai que tout meurt en lui, jusqu'à ces termes funèbres par lesquels on exprimait ses malheureux restes !

C'est ainsi que la puissance divine, justement irritée contre notre orgueil, le pousse jusqu'au néant, et que, pour égaler à jamais les conditions, elle ne fait de nous tous qu'une même cendre. Peut-on bâtir sur ces ruines? Peut-on appuyer quelque grand dessein sur ce débris inévitable des choses humaines ? Mais quoi ! Messieurs, tout est-il donc désespéré pour nous ? Dieu, qui foudroie toutes nos grandeurs jusqu'à les réduire en poudre ne nous laisse-t-il aucune espérance ? Lui aux yeux de qui rien ne se perd, et qui suit toutes les parcelles de nos corps en quelque endroit écarté du monde que la corruption ou le hasard les jette, verra-t-il périr sans ressource ce qu'il a fait capable de le connaître et de l'aimer ! Ici un nouvel ordre de choses se présente à moi ; les ombres de la mort se dissipent : « Les voies me sont ouvertes à la véritable vie[1]. » Madame n'est plus dans

1. Novas mihi fecisti vias vitæ. (*Psal.* xv, 10.)

le tombeau ; la mort, qui semblait tout détruire, a tout établi : voici le secret de l'Ecclésiaste, que je vous avais marqué dès le commencement de ce discours, et dont il faut maintenant découvrir le fond.

Il faut donc penser, chrétiens, qu'outre le rapport que nous avons du côté du corps avec la nature changeante et mortelle, nous avons, d'un autre côté, un rapport intime et une secrète affinité avec Dieu parce que Dieu même a mis quelque chose en nous qui peut confesser la vérité de son être, en adorer la perfection, en admirer la plénitude ; quelque chose qui peut se soumettre à sa souveraine puissance, s'abandonner à sa haute et incompréhensible sagesse, se confier en sa bonté, craindre sa justice, espérer son éternité. De ce côté, messieurs, si l'homme croit avoir en lui de l'élévation, il ne se trompera pas ; car, comme il est nécessaire que chaque chose soit réunie à son principe, et que c'est pour cette raison, dit l'Ecclésiaste, « que le corps retourne à la terre, dont il a été tiré [1] », il faut, par la suite du même raisonnement, que ce qui porte en nous la marque divine, ce qui est capable de s'unir à Dieu, y soit aussi rappelé. Or, ce qui doit retourner à Dieu, qui est la grandeur primitive et essentielle, n'est-il pas grand et élevé ? C'est pourquoi, quand je vous ai dit que la grandeur et la gloire n'étaient parmi nous que des noms pompeux, vides de sens et de choses, je regardais le mauvais usage que nous faisons de ces termes ;

1. Revertatur pulvis ad terram suam, unde erat. (*Eccl.*, XII, 7.) Spiritus redeat ad Deum, qui dedit illum. (*Ibid.*)

mais pour dire la vérité dans toute son étendue, ce n'est ni l'erreur ni la vanité qui ont inventé ces noms magnifiques : au contraire, nous ne les aurions jamais trouvés si nous n'en avions porté le fonds en nous-mêmes ; car où prendre ces nobles idées dans le néant ? La faute que que nous faisons n'est donc pas de nous être servis de ces noms, c'est de les avoir appliqués à des objets trop indignes. Saint Chrysostome a bien compris cette vérité quand il a dit : « Gloire, richesse, noblesse, puissance, pour les hommes du monde ne sont que des noms ; pour nous, si nous servons Dieu, ce sont des choses : au contraire, la pauvreté, la honte, la mort, sont des choses trop effectives et trop réelles pour eux ; pour nous ce sont seulement des noms [1], » parce que celui qui s'attache à Dieu ne perd ni ses biens, ni son honneur, ni sa vie. Ne vous étonnez donc pas si l'Ecclésiaste dit si souvent : « Tout est vanité ; » il s'explique : « Tout est vanité sous le soleil [2], » c'est-à-dire tout ce qui est mesuré par les années, tout ce qui est emporté par la rapidité du temps. Sortez du temps et du changement, aspirez à l'éternité : la vanité ne vous tiendra plus asservie. Ne vous étonnez pas si le même Ecclésiaste [3] méprise tout en nous jusqu'à la sagesse, et ne trouve rien de meilleur que de goûter en repos le fruit de son travail. La sagesse dont il parle en ce lieu est cette sagesse insensée, ingénieuse à se tourmenter, habile à se trom-

1. *Hom.* XIX, *in Matt.*
2. *Eccl.*, I, 2, 14 ; II, 11, 17.
3. *Eccl.*, I, 17 ; II, 12, 24.

per elle-même, qui se corrompt dans le présent, qui s'égare dans l'avenir, qui, par beaucoup de raisonnements et de grands efforts, ne fait que se consumer inutilement en amassant des choses que le vent emporte. « Eh ! s'écrie ce sage roi, y a-t-il rien de si vain [1] ? » Et n'a-t-il pas raison de préférer la simplicité d'une vie particulière qui goûte doucement et innocemment ce peu de biens que la nature nous donne, aux soucis et aux chagrins des avares, aux songes inquiets des ambitieux ? Mais « cela même, dit-il, ce repos, cette douceur de la vie, est encore une vanité [2] » parce que la mort trouble et emporte tout. Laissons-lui donc mépriser tous les états de cette vie, puisque enfin, de quelque côté qu'on s'y tourne, on voit toujours la mort en face, qui couvre de ténèbres tous nos plus beaux jours ; laissons-lui égaler le fou et le sage, et même, je ne craindrai pas de le dire hautement en cette chaire, laissons-lui confondre l'homme avec la bête. *Unus interitus est hominis, et jumentorum* [3]. En effet, jusqu'à ce que nous ayons trouvé la véritable sagesse, tant que nous regarderons l'homme par les yeux du corps, sans y démêler par l'intelligence ce secret principe de toutes nos actions, qui, étant capable de s'unir à Dieu, doit nécessairement y retourner, que verrons-nous autre chose dans notre vie que de folles inquiétudes ? et que verrons-nous dans notre mort qu'une vapeur qui s'exhale, que des esprits

1. Et est quidquam tam vanum ? (*Eccl.*, II, 19.)
2. Vidi quod hoc quoque esset vanitas. (*Eccl.*, II, I, 11, VIII, 10.)
3. *Eccl.*, III, 19.

qui s'épuisent, que des ressorts qui se démontent et se déconcertent, enfin qu'une machine qui se dissout et qui se met en pièces ? Ennuyés de ces vanités, cherchons ce qu'il y a de grand et de solide en nous. Le sage nous l'a montré dans les dernières paroles de l'Ecclésiaste ; et bientôt Madame nous le fera paraître dans les dernières actions de sa vie. « Crains Dieu, et observe ses commandements, car c'est là tout l'homme[1] ; » comme s'il disait : Ce n'est pas l'homme que j'ai méprisé, ne le croyez pas ; ce sont les opinions, ce sont les erreurs par lesquelles l'homme abusé se déshonore lui-même. Voulez-vous savoir en un mot ce que c'est que l'homme ? Tout son devoir, tout son objet, toute sa nature, c'est de craindre Dieu ; tout le reste est vain, je le déclare : mais aussi tout le reste n'est pas l'homme. Voici ce qui est réel et solide, et ce que la mort ne peut enlever ; car, ajoute l'Ecclésiaste, « Dieu examinera dans son jugement tout ce que nous aurons fait de bien et de mal[2]. » Il est donc maintenant aisé de concilier toutes choses. Le Psalmiste dit « qu'à la mort périront toutes nos pensées[3] ; » oui, celles que nous aurons laissé emporter au monde, dont la figure passe et s'évanouit. Car encore que notre esprit soit de nature à vivre toujours, il abandonne à la mort tout ce qu'il consacre aux choses mortelles ; de sorte que nos pensées, qui devaient être incorruptibles du côté de leur principe, deviennent périssables du

1. *Eccl.*, XII, 13.
2. *Eccl.*, XII, 14.
3. *Psal.*, CXLV. 4

côté de leur objet. Voulez-vous sauver quelque chose de ce débris si universel, si inévitable? donnez à Dieu vos affections ; nulle force ne nous ravira ce que vous aurez déposé en ses mains divines ; vous pourrez hardiment mépriser la mort, à l'exemple de notre héroïne chrétienne. Mais, afin de tirer d'un si bel exemple toute l'instruction qu'il nous peut donner, entrons dans une profonde considération des conduites de Dieu sur elle et adorons en cette princesse le mystère de la prédestination et de la grâce.

Vous savez que toute la vie chrétienne, que tout l'ouvrage de notre salut est une suite continuelle de miséricorde ; mais le fidèle interprète du mystère de la grâce, je veux dire le grand Augustin, m'apprend cette véritable et solide théologie, que c'est dans la première grâce et dans la derrière que la grâce se montre grâce ; c'est-à-dire que c'est dans la vocation qui nous prévient, et dans la persévérance finale qui nous couronne, que la bonté qui nous sauve paraît toute gratuite et toute pure. En effet, comme nous changeons deux fois d'état, en passant premièrement des ténèbres à la lumière, et ensuite de la lumière imparfaite de la foi à la lumière consommée de la gloire, comme c'est la vocation qui nous inspire la foi, et que c'est la persévérance qui nous transmet à la gloire, il a plu à la divine bonté de se marquer elle-même au commencement de ces deux états par une impression illustre et particulière, afin que nous confessions que toute la vie du chrétien, et dans le temps qu'il espère, et dans le temps qu'il jouit, est un miracle de grâce. Que ces deux principaux moments de la grâce ont été bien marqués par les merveilles que Dieu a faites pour le salut éternel de Henriette d'Angleterre! Pour la donner à l'Église, il a fallu renverser tout un grand royaume. La grandeur de la maison d'où elle est sortie n'était pour elle qu'un engagement plus étroit dans le schisme de ses ancêtres; disons des derniers de ses ancêtres, puisque tout ce qui les précède à remonter jusqu'aux premiers temps, est si pieux et si catholique[1]. Mais si les lois de l'État s'opposent à son salut éternel, Dieu ébranlera tout l'État pour l'affranchir de ces lois : il met les âmes à ce prix; il remue le ciel et la terre pour enfanter ses élus, et comme rien ne lui est cher que ces enfants de sa dilection éternelle, que ces membres inséparables de son Fils bien-aimé, rien ne lui coûte pourvu qu'il les sauve. Notre princesse est persécutée avant que de naître, délaissée aussitôt que mise au monde, arrachée en naissant à la piété d'une mère catholique, captive, dès le berceau, des ennemis implacables de sa maison, et, ce qui était plus déplorable, captive des ennemis de l'Église, par conséquent destinée premièrement par sa glorieuse naissance, et ensuite par sa malheureuse captivité, à l'erreur et à l'hérésie. Mais le sceau de Dieu était sur elle : elle pouvait dire avec le prophète : « Mon père et ma mère m'ont abandonnée, mais le Seigneur m'a reçue en sa pro-

1. Depuis saint Édouard jusqu'au réformateur Henri VIII, tous les rois d'Angleterre furent catholiques.

tection[1]. » Délaissée de toute la terre dès ma naissance, « je fus comme jetée entre les bras de sa providence paternelle, et dès le ventre de ma mère il se déclara mon Dieu[2]. » Ce fut à cette garde fidèle que la reine sa mère commit ce précieux dépôt. Elle ne fut point trompée dans sa confiance ; deux ans après, un coup imprévu, et qui tenait du miracle, délivra la princesse des mains des rebelles. Malgré les tempêtes de l'Océan et les agitations encore plus violentes de la terre, Dieu, la prenant sur ses ailes, comme l'aigle prend ses petits, la porta lui-même dans ce royaume ; lui-même la posa dans le sein de la reine sa mère, ou plutôt dans le sein de l'Église catholique. Là elle apprit les maximes de la piété véritable, moins par les instructions qu'elle y recevait que par les exemples vivants de cette grande et religieuse reine. Elle a imité ses pieuses libéralités ; ses aumônes, toujours abondantes, se sont répandues principalement sur les catholiques d'Angleterre, dont elle a été la fidèle protectrice. Digne fille de saint Édouard et de saint Louis, elle s'attacha du fond de son cœur à la foi de ces deux grands rois. Qui pourrait assez exprimer le zèle dont elle brûlait pour le rétablissement de cette foi dans le royaume d'Angleterre, où l'on en conserve encore tant de précieux monuments ? Nous savons qu'elle n'eût pas craint d'exposer sa vie pour un si pieux dessein, et le

1. *Psal.*, XXVI, 10.
2. *Psal.*, XXI, 11.

ciel nous l'a ravie! O Dieu! que prépare ici votre éternelle providence? Me permettez-vous, ô Seigneur, d'envisager en tremblant vos saints et redoutables conseils? Est-ce que les temps de confusion ne sont pas encore accomplis? Est-ce que le crime qui fit céder vos vérités saintes à des passions malheureuses est encore devant vos yeux, et que vous ne l'avez pas assez puni par un aveuglement de plus d'un siècle? Nous ravissez-vous Henriette par un effet du même jugement qui abrégea les jours de la reine Marie, et son règne si favorable à l'Eglise? ou bien voulez-vous triompher seul? et en nous ôtant les moyens dont nos désirs se flattaient, réservez-vous dans les temps marqués par votre prédestination éternelle de secrets retours à l'État et à la maison d'Angleterre? Quoi qu'il en soit, ô grand Dieu, recevez-en aujourd'hui les bienheureuses prémices en la personne de cette princesse : puisse toute sa maison et tout le royaume suivre l'exemple de sa foi! Ce grand roi qui remplit de tant de vertus le trône de ses ancêtres et fait louer tous les jours la divine main qui l'y a rétabli comme par miracle, n'improuvera pas notre zèle, si nous souhaitons devant Dieu que lui et tous ses peuples soient comme nous. *Opto apud Deum non tantum te, sed etiam omnes fieri tales, qualis et ego sum*[1]. Ce souhait est fait pour les

1. *Act. des Ap.* XXVI, 29. Le roi Agrippa était venu voir à Césarée l'illustre prisonnier des Juifs, avec le désir de l'entendre. Paul prit la parole et s'anima moins pour se défendre lui-même que pour faire entrer la conviction dans l'âme des autres. En plusieurs

rois, et saint Paul, étant dans les fers, le fit la première fois en faveur du roi Agrippa; mais saint Paul en exceptait ses liens, *exceptis vinculis his*; et nous, nous souhaitons principalement que l'Angleterre, trop libre dans sa croyance, trop licencieuse dans ses sentiments, soit enchaînée comme nous de ces bienheureux liens qui empêchent l'orgueil humain de s'égarer dans ses pensées, en le captivant sous l'autorité du Saint-Esprit et de l'Eglise.

Après vous avoir exposé le premier effet de la grâce de Jésus-Christ en notre princesse, il me reste, Messieurs, de vous faire considérer le dernier, qui couronnera tous les autres. C'est par cette dernière grâce que la mort change de nature pour les chrétiens, puisqu'au lieu qu'elle semblait être faite pour nous dépouiller de tout, elle commence, comme dit l'Apôtre, à nous revêtir et nous assurer éternellement la possession des biens véritables. Tant que nous sommes détenus dans cette demeure mortelle, nous vivons assujettis aux changements, parce que, si vous me permettez de parler ainsi, c'est la loi du pays que nous habitons; et nous ne possédons aucun bien, même dans l'ordre de la grâce, que nous ne puissions perdre un moment après par la mutabilité naturelle de nos désirs : mais aussitôt

fois Agrippa l'avait interrompu; il finit par lui dire : « Je pense que vous voudriez presque me persuader de me faire chrétien. » Et saint Paul lui répondit : « Plût à Dieu que vous, seigneur, et tous ceux qui m'écoutent, devinssiez tels que je suis, à la réserve de ces liens, *exceptis vinculis his*. »

qu'on cesse pour nous de compter les heures, et de mesurer notre vie par les jours et par les années, sortis des figures qui passent et des ombres qui disparaissent, nous arrivons au règne de la vérité, où nous sommes affranchis de la loi des changements. Ainsi notre âme n'est plus en péril, nos résolutions ne vacillent plus ; la mort, ou plutôt la grâce de la persévérance finale a la force de les fixer ; et de même que le testament de Jésus-Christ, par lequel il se donne à nous, est confirmé à jamais, suivant le droit des testaments et la doctrine de l'Apôtre, par la mort de ce divin testateur, ainsi la mort du fidèle fait que ce bienheureux testament par lequel, de notre côté, nous nous donnons au Sauveur, devient irrévocable. Donc, Messieurs, si je vous fais voir encore une fois Madame aux prises avec la mort, n'appréhendez rien pour elle, quelque cruelle que la mort vous paraisse, elle ne doit servir cette fois que pour accomplir l'œuvre de la grâce, et sceller en cette princesse le conseil de son éternelle prédestination. Voyons donc ce dernier combat ; mais encore un coup affermissons-nous, ne mêlons point de faiblesse à une si forte action, et ne déshonorons point par nos larmes une si belle victoire. Voulez-vous voir combien la grâce qui a fait triompher Madame a été puissante? voyez combien la mort a été terrible. Premièrement elle a plus de prise sur une princesse qui a tant à perdre ; que d'années elle va ravir à cette jeunesse ! que de joie elle enlève à cette fortune, que de gloire elle ôte à ce mérite ! D'ailleurs peut-elle venir ou plus prompte ou plus cruelle[1] ? c'est ramasser toutes ses forces, c'est unir tout ce qu'elle a de plus redoutable, que de joindre, comme elle a fait, aux plus vives douleurs l'attaque la plus imprévue ; mais, quoique sans menacer et sans avertir elle se fasse sentir tout entière dès le premier coup, elle trouve la princesse prête. La grâce, plus active encore, l'a déjà mise en défense, ni la gloire ni la jeunesse n'auront un soupir : un regret immense de ses péchés ne lui permet pas de regretter autre chose. Elle demande le crucifix sur lequel elle avait vu expirer la reine, sa belle-mère, comme pour y recueillir les impressions de constance et de piété que cette âme vraiment chrétienne y avait laissées avec les derniers soupirs. A la vue d'un si grand objet, n'attendez pas de cette princesse des discours étudiés et magnifiques, une sainte simplicité fait ici toute la grandeur. Elle s'écrie : « O mon Dieu, pourquoi n'ai-je pas toujours mis en vous toute ma confiance. » Elle s'afflige, elle se rassure, elle confesse humblement et avec tous les sentiments d'une profonde douleur, que de ce jour seulement elle commence à connaître que de regarder encore tant soit peu le monde. Qu'elle nous parut au-dessus de ces lâches chré-

1. Henriette d'Orléans expira le 30 juin 1670, neuf heures seulement après qu'elle eut ressenti les premières atteintes du mal. On supposa qu'elle était morte des effets d'un poison subtil envoyé par le chevalier de Lorraine, ancien favori de Monsieur, et courtisan libertin que la princesse faisait maintenir en exil. L'autopsie démontra, malgré des soupçons persistants, qu'elle avait été victime du choléra-morbus.

tiens, qui s'imaginent avancer leur mort quand ils préparent leur confession, qui ne reçoivent les saints sacrements que par force, dignes certes de recevoir pour leur jugement ce mystère de piété qu'ils ne reçoivent qu'avec répugnance ! Madame appelle les prêtres plutôt que les médecins ; elle demande d'elle-même les sacrements de l'Eglise ; la pénitence avec componction ; l'eucharistie avec crainte, et puis avec confiance ; la sainte onction des mourants avec un pieux empressement. Bien loin d'en être effrayée, elle veut la recevoir avec connaissance ; elle écoute l'explication de ces saintes cérémonies, de ces prières apostoliques, qui, par une espèce de charme divin, suspendent les douleurs les plus violentes, qui font oublier la mort (je l'ai vu souvent [1]) à qui les écoute avec foi ; elle les suit, elle s'y conforme ; on lui voit paisiblement présenter son corps à cette huile sacrée, ou plutôt au sang de Jésus qui coule si abondamment avec cette précieuse liqueur. Ne croyez pas que ces excessives et insupportables douleurs aient tant soit peu troublé sa grande âme. Ah ! je ne veux plus tant admirer les braves et les conquérants : Madame m'a fait connaître la vérité de cette parole du Sage : » Le patient vaux mieux que le brave ; et celui

1. Bossuet cache la vérité par modestie, quand il s'efface lui-même du récit de cette agonie ; quand il attribue tout le prodige de son propre talent aux belles et touchantes prières ; quand il rappelle toujours comme témoin (*je l'ai vu souvent*), jamais comme acteur, l'héroïsme de la foi de cette princesse dont la religion seule eut, selon lui, la gloire de *suspendre les douleurs les plus violentes en lui faisant même oublier la mort*. (Cardinal Maury.)

qui dompte son cœur vaut mieux que celui qui prend des villes[1]. » Combien a-t-elle été maîtresse du sien! avec quelle tranquillité a-t-elle satisfait à tous ses devoirs! Rappelez en votre pensée ce qu'elle a dit à Monsieur; quelle tendresse! O paroles qu'on voyait sortir de l'abondance d'un cœur qui se sent au-dessus de tout; paroles que la mort présente, et Dieu, plus présent encore, ont consacrées; sincères productions d'une âme qui, tenant au ciel, ne doit plus rien à la terre que la vérité, vous vivrez éternellement dans la mémoire des hommes, mais surtout vous vivrez éternellement dans le cœur de ce grand prince! Madame ne peut plus résister aux larmes qu'on lui voit répandre : invincible par tout autre endroit, ici elle est contrainte de céder; elle prie Monsieur de se retirer, parce qu'elle ne veut plus sentir de tendresse que pour ce Dieu crucifié qui lui tend les bras. Alors qu'avons-nous vu? qu'avons-nous ouï? elle se conformait aux ordres de Dieu; elle lui offrait ses souffrances en expiation de ses fautes; elle professait hautement la foi catholique et la résurrection des morts, cette précieuse consolation des fidèles mourants; elle excitait le zèle de ceux qu'elle avait appelés pour l'exciter elle-même, et ne voulait point qu'ils cessassent un moment de l'entretenir des vérités chrétiennes. Elle souhaita mille fois d'être plongée au sang de l'Agneau, c'était un nouveau langage que la grâce lui apprenait. Nous ne voyions en elle ni cette osten-

1. Melior est patiens viro forti; et qui dominatur animo suo expugnatore urbium.

tation par laquelle on veut tromper les autres, ni ces émotions d'une âme alarmée par lesquelles on se trompe soi-même; tout était simple, tout était précis, tout était tranquille, tout partait d'une âme soumise et d'une source sanctifiée par le Saint-Esprit.

En cet état, messieurs, qu'avions-nous à demander à Dieu pour cette princesse, sinon qu'il l'affermît dans le bien et qu'il conservât en elle les dons de sa grâce? Ce grand Dieu nous exauçait; mais souvent, dit saint Augustin, en nous exauçant, il trompe heureusement notre prévoyance. La princesse est affermie dans le bien d'une manière plus haute que celle que nous entendions. Comme Dieu ne voulait plus exposer aux illusions du monde les sentiments d'une piété si sincère, il a fait ce que dit le Sage : « Il s'est hâté. »

En effet, quelle diligence ! en neuf heures l'ouvrage est accompli : « Il s'est hâté de la tirer du milieu des iniquités [1]. » Voilà, dit le grand saint Ambroise, la merveille de la mort dans les chrétiens : elle ne finit pas leur vie, elle ne finit que leurs péchés [2] et les périls où ils sont exposés. Nous nous sommes plaints que la mort, ennemie des fruits que nous promettait la princesse, les a ravagés dans la fleur; qu'elle a effacé, pour ainsi dire, sous le pinceau même un tableau qui s'avançait à la perfection avec une incroyable diligence, dont les premiers traits, dont le dessin montrait déjà tant de

1. Properavit educere de medio iniquitatum. (*Sap.*, IV, 14.)

2. Finis factus est erroris, quia culpa, non natura deficit. (*De bono mortis*, IX, 38.)

grandeur. Changeons maintenant de langage; ne disons plus que la mort a tout d'un coup arrêté le cours de la plus belle vie du monde, et de l'histoire qui se commençait le plus noblement; disons qu'elle a mis fin aux plus grands périls dont une âme chrétienne peut être assaillie; et, pour ne point parler ici des tentations infinies qui attaquent à chaque pas la faiblesse humaine, quel péril n'eût point trouvé cette princesse dans sa propre gloire? La gloire! qu'y a-t-il pour le chrétien de plus pernicieux et de plus mortel? Quel appât plus dangereux? quelle fumée plus capable de faire tourner les meilleurs têtes? Considérez la princesse, représentez-vous cet esprit qui, répandu par tout son extérieur, en rendait les grâces si vives. Tout était esprit, tout était bonté.

Affable à tous avec dignité, elle savait estimer les uns sans fâcher les autres, et quoique le mérite fût distingué, la faiblesse ne se sentait pas dédaignée : quand quelqu'un traitait avec elle, il semblait qu'elle eût son rang pour ne se soutenir que par sa raison ; on ne s'apercevait presque pas qu'on parlât à une personne si élevée; on sentait seulement au fond de son cœur qu'on eût voulu lui rendre au centuple la grandeur dont elle se dépouillait si obligeamment. Fidèle en ses paroles, incapable de déguisement, sûre à ses amis, par la lumière et la droiture de son esprit elle les mettait à couvert des vains ombrages, et ne leur laissait craindre que leurs propres fautes. Très reconnaissante des services, elle aimait à prévenir les injures par sa bonté; vive à les sentir, facile à les pardonner. Que dirai-je de sa libéralité? Elle donnait non seulement avec joie, mais avec une hauteur d'âme qui marquait tout ensemble et le mépris du don et l'estime de la personne : tantôt par des paroles touchantes, tantôt même par son silence, elle relevait ses présents; et cet art de donner agréablement, qu'elle avait si bien pratiqué durant sa vie, l'a suivie, je le sais, jusqu'entre les bras de la mort[1]. Avec tant de grandes et tant d'aimables qualités, qui eût pu lui refuser son admiration? Mais avec son crédit, avec sa puissance, qui n'eût voulu s'attacher à elle? N'allait-elle pas gagner tous les cœurs, c'est-à-dire la seule chose qu'ont à gagner ceux à qui la naissance et la fortune semblent tout donner? et si cette haute élévation est un précipice affreux pour les chrétiens, ne puis-je pas dire, messieurs, pour me servir des paroles fortes du plus grave des historiens, « qu'elle allait être précipitée dans la gloire[2]? » Car quelle créature fut jamais plus propre à être l'idole du monde? Mais ces idoles que le monde adore, à com-

1. Bossuet fait ici allusion à un trait qui montre jusqu'où cette princesse porta la grâce et la délicatesse qui lui étaient naturelles même entre les *bras de la mort*. Sa première femme de chambre s'étant approchée pour lui donner quelque chose, elle lui dit en anglais afin que Bossuet ne l'entendît pas : *donnez à M. de Condom, lorsque je serai morte, l'émeraude que j'ai fait faire pour lui.* (Le cardin. de Bausset.)

Ces simples mots, *je le sais*, dont on ne devinerait pas le vrai sens sans être instruit du fait auquel ils se rapportent attendrirent et enthousiasmèrent l'auditoire, qui se prit à les répéter plusieurs fois.

2. In ipsam gloriam præceps agebatur (Tac. *Agric.*)

bien de tentations délicates ne sont-elles pas exposées? La gloire, il est vrai, les défend de quelques faiblesses; mais la gloire les défend-elle de la gloire même, ne s'adorent-elles pas secrètement? Ne veulent-elles pas être adorées? que n'ont-elles pas à craindre de leur amour-propre? et que se peut refuser la faiblesse humaine pendant que le monde lui accorde tout? N'est-ce pas là qu'on apprend à faire servir à l'ambition, à la grandeur, à la politique, et la vertu, et la religion et le nom de Dieu? La modération que le monde affecte n'étouffe pas les mouvements de la vanité; elle ne sert qu'à les cacher; et plus elle ménage le dehors, plus elle livre le cœur aux sentiments les plus délicats et les plus dangereux de la fausse gloire : on ne compte plus que soi-même, et on dit au fond de son cœur : « Je suis, et il n'y a que moi sur la terre[1]. » En cet état, messieurs, la vie n'est-elle pas un péril? la mort n'est-elle pas une grâce? Que ne doit-on pas craindre de ces vices, si les bonnes qualités sont si dangereuses? N'est-ce donc pas un bienfait de Dieu d'avoir abrégé les tentations avec les jours de Madame, de l'avoir arrachée à sa propre gloire avant que cette gloire, par son excès, eût mis en hasard sa modération? Qu'importe que sa vie ait été si courte! jamais ce qui doit finir ne peut être long. Quand nous ne compterions point ses confessions plus exactes, ses entretiens de dévotion plus fréquents, son application plus forte à la

1. Ego sum, et præter me non est altera. (*Is.* XLVII, 10.)

piété dans les derniers temps de sa vie ; ce peu d'heures, saintement passées parmi les plus rudes épreuves et dans les sentiments les plus purs du christianisme, tiennent lieu toutes seules d'un âge accompli. Le temps a été court, je l'avoue : mais l'opération de la grâce a été forte, mais la fidélité de l'âme a été parfaite. C'est l'effet d'un art consommé de réduire en petit tout un grand ouvrage ; et la grâce, cette excellente ouvrière, se plaît quelquefois à renfermer en un jeur la perfection d'une longue vie. Je sais que Dieu ne veut pas qu'on s'attende à de tels miracles, mais si la témérité insensée des hommes abuse de ses bontés, son bras pour cela n'est pas raccourci, et sa main n'est pas affaiblie. Je me confie pour Madame en cette miséricorde, qu'elle a si sincèrement et si humblement réclamée. Il semble que Dieu ne lui ait conservé le jugement libre jusqu'au dernier soupir qu'afin de faire durer le témoignagne de sa foi. Elle a aimé en mourant le Sauveur Jésus ; les bras lui ont manqué plutôt que l'ardeur d'embrasser la croix ; j'ai vu sa main défaillante chercher encore en tombant de nouvelles forces pour appliquer sur ses lèvres ce bienheureux signe de notre rédemption : n'est-ce pas mourir entre les bras et dans le baiser du Seigneur ? Ah ! nous pouvons achever ce saint sacrifice pour le repos de Madame avec une pieuse confiance ; ce Jésus en qui elle a espéré, dont elle a porté la croix en son corps par des douleur si cruelles, lui donnera encore son sang dont elle est déjà toute teinte, toute pénétrée, par la participation à ses sacrements, et par la communion avec ses souffrances. Mais en priant pour son âme, chrétiens, songeons à nous-mêmes. Qu'attendons-nous pour nous convertir? Quelle dureté est semblable à la nôtre, si un accident si étrange, qui devrait nous pénétrer jusqu'au fond de l'âme, ne fait que nous étourdir pour quelques moments! Attendons-nous que Dieu ressuscite des morts pour nous instruire ? Il n'est point nécessaire que les morts reviennent ni que quelqu'un sorte du tombeau ; ce qui entre aujourd'hui dans le tombeau doit suffire pour nous convertir ; car, si nous savons nous connaître, nous confesserons, chrétiens, que les vérités de l'éternité sont assez bien établies ; nous n'avons rien que de faible à leur opposer ; c'est par passion et non par raison que nous osons les combattre. Si quelque chose les empêche de régner sur nous, ces saintes et salutaires vérités, c'est que le monde nous occupe, c'est que les sens nous enchantent, c'est que le présent nous entraîne. Faut-il un autre spectacle pour nous détromper et des sens, et du présent, et du monde? La Providence divine pouvait-elle nous mettre en vue ni de plus près ni plus fortement la vanité des choses humaines? et si nos cœurs s'endurcissent après un avertissement si sensible, que lui reste-t-il autre chose que de nous frapper nous-mêmes sans miséricorde? Prévenons un coup si funeste, et n'attendons pas toujours des miracles de la grâce. Il n'est rien de plus odieux à la souveraine puissance que de la vouloir forcer par des exemples, et de lui faire une loi de ses grâces et de ses faveurs. Qu'y a-t-il donc, chrétiens, qui puisse nous empêcher de recevoir sans différer ses inspirations? Quoi! le charme de sentir est-il si fort que nous ne puissions rien prévoir? Les adorateurs des grandeurs humaines seront-ils satisfaits de leur fortune quand ils verront que dans un moment leur gloire passera à leur nom, leurs titres à leur tombeau, leurs biens à des ingrats, et leurs dignités peut-être à des envieux? Que si nous sommes assurés qu'il viendra un dernier jour où la mort nous forcera de confesser toutes nos erreurs, pourquoi ne pas mépriser par raison ce qu'il faudra un jour mépriser par force? et quel est notre aveuglement, si, toujours avançant vers notre fin, et plutôt mourants que vivants, nous attendons les derniers soupirs pour prendre les sentiments que la seule pensée de la mort nous devait inspirer à tous les moments de notre vie[1]? Commencez aujourd'hui à mépriser les faveurs du monde; et toutes les fois que vous serez dans ces lieux augustes, dans ces superbes palais à qui Madame donnait un éclat que vos yeux recherchent encore; toutes

1. Bossuet, en envoyant l'oraison funèbre de la reine d'Angleterre et de madame Henriette à l'abbé de Rancé, lui écrivait : « J'ai laissé ordre de vous faire passer deux oraisons funèbres, qui, parce qu'elles font voir le néant du monde, peuvent avoir place parmi les livres d'un solitaire, et que, en tous cas, il peut regarder comme deux têtes de morts assez touchantes. » Ces mots jetés au hasard dans une lettre qui n'était pas destinée à voir le jour, révèlent la pensée de Bossuet : jamais la puissance et la grandeur ne venaient se présenter à son esprit qu'il ne vît la mort à côté. (Cardinal de Bausset).

les fois que, regardant cette grande place qu'elle remplissait si bien, vous sentirez qu'elle y manque, songez que cette gloire que vous admiriez faisait son péril en cette vie, et que dans l'autre elle est devenue le sujet d'un examen rigoureux, où rien n'a été capable de la rassurer que cette sincère résignation qu'elle a eue aux ordres de Dieu, et les saintes humiliations de la pénitence.

BIBLIOTHÈQUE NATIONALE R.F. IMPRIMÉS

5528-82. — Corbeil. Typ. et stér. de Crété.

www.ingramcontent.com/pod-product-compliance
Ingram Content Group UK Ltd.
Pitfield, Milton Keynes, MK11 3LW, UK
UKHW021143230726
13926UKWH00002B/901